BEI GRIN MACHT SICH IHR WISSEN BEZAHLT

- Wir veröffentlichen Ihre Hausarbeit,
  Bachelor- und Masterarbeit

- Ihr eigenes eBook und Buch -
  weltweit in allen wichtigen Shops

- Verdienen Sie an jedem Verkauf

Jetzt bei www.GRIN.com hochladen und kostenlos publizieren

Bibliografische Information der Deutschen Nationalbibliothek:

Die Deutsche Bibliothek verzeichnet diese Publikation in der Deutschen National-bibliografie; detaillierte bibliografische Daten sind im Internet über http://dnb.d-nb.de/ abrufbar.

Impressum:

Copyright © 2013 GRIN Verlag
Druck und Bindung: Books on Demand GmbH, Norderstedt Germany
ISBN: 9783668666016

Dieses Buch bei GRIN:

https://www.grin.com/document/416361

Petra Morsbach

Krippenpädagogik in der DDR. Die Bedürfnisse des Kindes aus entwicklungspsychologischer Sicht

GRIN Verlag

Evangelische Hochschule Dresden

Elementar- und Hortpädagogik

Grundlagen zu Entwicklung, Sozialisation und Lernen

Wintersemester 2012 / 13

„Die Krippenpädagogik in der DDR und die Bedürfnisse des Kindes aus entwicklungspsychologischer Sicht"

Petra Morsbach

23.02.2013

Inhalt

1. Einleitung

Die institutionelle Betreuung von Kleinstkindern wird auch in der heutigen Zeit noch durchaus kritisch bewertet. Es geht dabei vordergründig um die besonderen Bedürfnisse des Kindes in diesem Alter. Aus Sicht der Kritiker können diese, vor allem mit Blick auf die Bindungsentwicklung, im familiären Betreuungskontext besser berücksichtigt werden. Erkenntnisse entwicklungspsychologischer Forschungen der letzten Jahrzehnte haben die Weiterentwicklung frühkindlicher Betreuungs-, Bildungs- und Erziehungskonzepte weltweit beeinflusst. Die Abhängigkeit dieser Konzepte von ihren jeweiligen gesellschaftlichen Kontexten soll am Beispiel der DDR in dieser Arbeit verdeutlicht werden.

Die Krippenpädagogik in der DDR war Bestandteil ihres sozialistischen Bildungs- systems, dessen Ziel die Bildung und Erziehung *allseitig entwickelter sozialistischer Persönlichkeiten* war. Und zwar von frühester Kindheit an sowie nach strengen programmatischen Vorgaben. Internationale Erkenntnisse der Entwicklungs- psychologie waren auch in der DDR nicht unbekannt. Sie wurden jedoch weitest- gehend zugunsten der sozialistischen Ideologie und Pädagogik ausgelegt oder einfach ignoriert.

Besonders kritisch muss in diesem Kontext die sehr frühe Krippenbetreuung des Kleinkindes betrachtet werden. Problematisch erscheinen hier aus entwicklungs- psychologischer Sicht mehrere Aspekte, die Fragen nach möglichen Auswirkungen auf seine Persönlichkeitsentwicklung und Gesundheit aufwerfen und in dieser Arbeit hinterfragt werden sollen.

* Da ist aus Sicht der Bindungstheorie (John Bowlby, 1907 – 1990) die frühe Trennung des Säuglings und Kleinkindes von der Mutter oder nahen Bezugsperson, die teilweise schon ab der sechsten Lebenswoche erfolgte, in den Blick zu nehmen.

* Eine Eingewöhnung, die es dem Kind ermöglicht hätte, eine stabile „Ersatzbindung" aufzubauen, gab es nicht.

* Die Verweildauer des Kindes in der Einrichtung betrug oft mehr als neun Stunden täglich, in Wochen- und Saisonkrippen bis zu mehreren Tagen. Dauerheime für Säuglinge, z. B. aus defizitären familiären Kontexten waren besonders problematisch.
* Der Tagesablauf, klar strukturiert sowie zeitlich und programmatisch exakt

2

durchgeplant, war von hohen pädagogischen, abrechnungspflichtigen Zielen geprägt und stellte somit einen zusätzlichen Stressfaktor für die Kinder und Erzieherinnen dar.

Ein ungünstiger Betreuerschlüssel erschwerte oder verhinderte oftmals die notwendige Zuwendung der Erzieherin und ihr Eingehen auf die individuellen Bedürfnisse des einzelnen Kindes.

2. Die historische Entwicklung frühkindlicher Bildungs- und Betreuungsangebote

Die Betreuung von Kindern außerhalb ihrer unmittelbaren familiären Bezüge, insbesondere getrennt von der Mutter, hat aus anthropologischer Sicht eine lange Tradition. Bereits in prähistorischen Gesellschaften wurden Kinder, auch Kleinstkinder im Rahmen der Arbeitsteilung für die Gemeinschaft von Stammesmitgliedern betreut. Internationale sowie auch historische Analysen in Deutschland belegen, dass eine Betreuung von Kleinkindern ausschließlich durch die Mutter eher selten war. Sie wurde dabei schon immer durch erweiterte Betreuungsangebote unterstützt. Allerdings geschah dies im Gegensatz zum heutigen, meist institutionellen Kontext in der Regel familiennah oder nachbarschaftlich.[1]

Die Anfänge institutioneller Betreuung von Kleinkindern in Kindergärten reichen in Deutschland und Westeuropa, später auch in den USA, Japan und Skandinavien zurück bis ins 19. Jahrhundert. Eng verbunden mit der Entwicklung in Deutschland ist der Name Friedrich Wilhelm August Fröbel (1782 – 1852). Seine Pädagogik orientierte sich an so großen Namen wie Pestalozzi und Rousseau. Sie präferierte eine natürliche Erziehung des aktiven Kindes, u. a. durch eine Kindergärtnerin als *professionelle Variante* der Mutter, die Fröbel selbst seit seinem ersten Lebensjahr leidvoll entbehren musste. Das Ziel von Fröbel war ein Kindergarten, der die Familie nicht ersetzen, sondern ergänzen sollte. Sein pädagogischer Ansatz beinhaltete kognitive Förderung, emotionale Zuwendung sowie soziales Lernen gleichermaßen und lässt eine altersspezifische Erziehungs- und Spieltheorie erkennen. Er unterschied sich damit

---

[1] Ahnert, Lieselotte: Frühe Tagesbetreuung und Eltern-Kind-Beziehunghttp://www.liga-kind.de/fruehe/202_ahnert.php

grundlegend von den vorhergehenden Bewahranstalten und Kleinkindschulen[2]. Seine Pädagogik hat noch heute Vorbildcharakter.

Dieser kurze Exkurs in die Geschichte der Kinderbetreuung soll auch kurz die Rolle des an die Krippe anschließenden Kindergartens streifen. Als Vorschuleinrichtung hat dieser zwei Funktionen zu erfüllen, zum einen eine sozialfürsorgerische und zum anderen die der kindlichen Entwicklungsförderung, gekoppelt an einen Erziehungsauftrag.

Institutionelle Kinderbetreuung muss aus verschiedenen Perspektiven betrachtet werden. Da sind die Erwartungen der Eltern hinsichtlich einer optimalen Betreuung, Pflege und Förderung ihrer Kinder, aber auch sozial- und arbeitsmarktpolitische sowie kulturelle Aspekte der jeweiligen Gesellschaft spielen eine Rolle.

Für die gezielte Förderung der Kinder im Vorschulalter interessierte sich ab Mitte des letzten Jahrhunderts zunehmend die Entwicklungspsychologie. Die pädagogische Einstellung gegenüber dem Klein- und Vorschulkind änderte sich gravierend. Der Elementarbereich wurde reformiert und auch in Deutschland in das Gesamtbildungs-system integriert. Diese Eingliederung erfolgte in der früheren Bundesrepublik im Jahr 1970 und in der DDR mit dem „Gesetz über das einheitliche sozialistische Bildungssystem" im Jahr 1965.[3]

Die frühkindliche Pädagogik entwickelte sich im geteilten Deutschland nach 1945 sehr unterschiedlich. Auch die Motivation der Eltern für die Inanspruchnahme der Betreuungsangebote differierte stark. Knüpfte man in der BRD an Strukturen und Tradition der Kinderbetreuung von 1933 an, erfuhr diese in der DDR eine völlig neue Ausrichtung. Insbesondere das Krippenwesen und damit „die Pädagogisierung der frühesten Kindheit"[4] wurden rasch ausgebaut um den Frauen eine auch für den Aufbau des Sozialismus gesellschaftlich dringend notwendige Erwerbstätigkeit zu ermöglichen. Die gezielte Einflussnahme des Staates auf die zentralen Aufgaben des Bildungs-wesens, die Bildung und Erziehung der Kinder zu allseitig entwickelten sozialistischen Persönlichkeiten, spiegelte sich in der besonderen Stellung der Kinderkrippen und Kindergärten als integrierte Bestandteile des gesamten Bildungssystems der DDR wider. Dieses System umfasste von der Krippe bis zur Universität alle Bildungs-

[2] Heiland, Helmut: Friedrich Fröbel. In: Tenorth, Heinz-Elmar (Hg.): Klassiker der Pädagogik Band 1, Von Erasmus bis Helene Lang. München (Beck) 2012, S. 181 ff
[3] Schmidt-Denter, Ulrich: Vorschulische Förderung. In: Oerter, Montada (Hg.):Entwicklungspsychologie. Weinheim, Basel (Beltz) 2008, S. 719 ff
[4] Nentwig-Gesemann, Iris: Krippenerziehung in der DDR. Opladen (Leske+Budrich) 1999, S.18

institutionen. Dem Bildungssystem der DDR, in dem der Einzelne nur als Teil des Kollektivs und damit der gesamten Gesellschaft eine Bedeutung hatte, wurde eine große politische und systemstabilisierende Funktion zugeschrieben.[5]

Der Ausbau des Systems der Krippenbetreuung begann bereits 1948 in der Sowjetischen Besatzungszone und wurde 1949 mit Gründung der DDR fortgesetzt. Im Jahr 1989 gab es 7.707 Einrichtungen mit 348.058 Plätzen, das entsprach einem Versorgungsgrad von 80 % bei den Null- bis Dreijährigen.[6]

3. Die Rolle der frühkindlichen Bildung, insbesondere der Krippen im Bildungssystem der DDR

In den Jahren 1945 bis 1949 erfolgte in der späteren DDR die antifaschistisch-demokratische Schulreform. 1961/62 schlossen sich der Aufbau der sozialistischen Schule und die Gestaltung des einheitlichen sozialistischen Bildungssystems an. Die Kinderkrippe, als erste Stufe dieses Systems wurde zu einem ihrer wichtigsten Bestandteile. Erklärtes Ziel der Bildungspolitik der DDR war die Erziehung des Menschen zur allseits gebildeten, harmonisch entwickelten sozialistischen Persönlichkeit vom ersten Lebenstag an.[7] Eva Schmidt-Kolmer (1913 – 1991), Leiterin des Instituts für Hygiene des Kindes- und Jugendalters der DDR, war federführend bei der Entwicklung zentral verbindlicher Erziehungsprogramme der frühkindlichen Pädagogik in der DDR. Sie vertrat die Ansicht,

> „daß das Kind von seiner Geburt an für seine Gesundheit und allseitige Entwicklung ein ganz bestimmtes System von in seinen Ausmaßen, Inhalten und Formen sich verändernden und steigernden Anregungen, Anleitungen und Anforderungen von seiten der Erwachsenen bedarf, die seine Pflege, sein Leben und seine Tätigkeit gestalten […].“[8]

Der Familie sprach sie unter den moderneren Lebensbedingungen, die zum Wegfall grundlegender Erfahrungsräume aus dem „häuslichen Alltagsleben […,][bedingt] durch

---

[5] ebenda
[6] Israel, Agathe: Krippenbetreuung in der DDR. In: Israel Agathe und Kerz-Rühling, Ingrid (Hg.): Krippen-Kinder in der DDR. Frankfurt am Main (Brandes & Apsel) 2008, S. 17
[7] Nentwig-Gesemann, Iris: Krippenerziehung in der DDR. Opladen (Leske+Budrich) 1999, S.18
[8] Schmidt-Kolmer, Eva: Zum Einfluss von Familie und Krippe auf die Entwicklung von Kindern in der frühen Kindheit. Berlin (VEB Verlag Volk und Gesundheit) 1977, S.18 - 19

öffentliche Dienstleistungen [...,] [und] infolge der modernen Technik (Zentral- und Fernheizung, Haushaltgeräte)"[9] für das Kind führten, ihre Erziehungskompetenz teilweise ab. Das elterliche Erziehungsverhalten hatte sich dem gesamtgesellschaftlichen Erziehungsziel anzupassen und das Familienleben sollte den Rhythmus des Krippenalltags beachten.

Einen weiteren Grund für die Präferenz gesellschaftlicher Erziehung sah Schmidt-Kolmer in der Notwendigkeit, dem Kind „Grunderfahrungen und – erlebnisse im Umgang mit den Gebrauchsgegenständen und Naturmaterialien [deren selbsttätige Aneignung durch das Kind nicht mehr genügte] planmäßig durch die Erwachsenen"[10] zu vermitteln. Sie betonte dabei stets die wissenschaftliche Grundlage für ihre Erziehungsprogramme und setzte sich auch mit entwicklungspsychologischen Theorien westlicher Wissenschaftler auseinander. Deren Erkenntnisse ignorierte sie jedoch oder interpretierte sie um

Das Krippenwesen unterstand bis zum Ende der DDR dem Ministerium für Gesundheitswesen. Hatte es anfangs ausschließlich Aufgaben der Säuglingspflege zu erfüllen, erfuhr es Anfang der 1960er Jahre eine Pädagogisierung und Neustrukturierung, die letztlich in der schon genannten Eingliederung der Kinderkrippe in das einheitliche sozialistische Bildungssystem gipfelte. Vorausgegangen war Ende der 1950er Jahre eine Untersuchung der Auswirkungen der Krippenbetreuung auf die Entwicklung des Kindes. Dabei wurde festgestellt, dass Krippenkinder am Ende des 3. Lebensjahres einen Entwicklungsrückstand von bis zu fünf Monaten gegenüber familiär betreuten Kindern hatten. Die besonders problematischen Wochen- und Saisonkrippen wurden daraufhin abgebaut und ein `Leitfaden für die Erziehung in Krippen und Heimen´ mit Empfehlungen für die pädagogische Förderung der Kinder herausgegeben. Die starke Anlehnung dieser Empfehlungen an die Anforderungen im Kindergarten stellte für die Kinder jedoch eine klare Überforderung dar, wie schnell deutlich wurde.

Das nun folgende erste Erziehungsprogramm für die Krippe (1968) mit dem Titel `Pädagogische Aufgaben und Arbeitsweisen der Krippen´ vereinheitlichte die pädagogische Arbeit in allen Einrichtungen und formulierte Erziehungsaufgaben mit klar terminierten Entwicklungszielen für das Kind neu. Das Programm war in fünf Sachgebiete untergliedert:

---

[9] a.a.O., S. 19; Einfügung und Auslassung: P.M.
[10] a.a.O., S. 19; Einfügung: P.M.

* Gestaltung des Lebens und Erziehung des Verhaltens
* Bewegungsschulung durch Körperübungen
* Anleitung und Ausbildung des kindlichen Spiels
* Bekanntwerden mit der Umwelt und Spracherziehung
*   Musikerziehung   und   darstellende   Tätigkeiten.

Mit strengen Monats-, Wochen- und Tagesplänen wurde die Erziehungsarbeit zielgerichtet systematisiert und organisiert. Die Erziehungsaufgaben aus den genannten Sachgebieten sollten im Spiel und in der Beschäftigung erfüllt werden.[11] Die Methodik für die Umsetzung des Programms war bis ins Detail vorgegeben. Für die Kontrolle der Aufgabenerfüllung und damit des Entwicklungsstandes der Kinder, u. a. durch staatliche Fachberaterinnen, gab es Entwicklungsbögen, die die individuellen Besonderheiten des Kindes nicht berücksichtigen konnten. Kritische Stimmen mutiger Kleinkindpädagogen der Humboldt-Universität Berlin Ende der 1960er Jahre gegen diese Entwicklungsbögen wurden ignoriert.[12]

Abgelöst wurde dieses Programm 1985 vom neuen `Programm für die Erziehungs-arbeit in Kinderkrippen´, das bis zum Ende der DDR als einheitliche Arbeitsgrundlage für alle Krippen und Dauerheime Gültigkeit hatte und verbindlich vorgeschrieben war. Mit dem vollendeten dritten Lebensjahr erfolgte der nahtlose Übergang in den Kindergarten mit seinem eigenen Bildungs- und Erziehungsprogramm, das im Wesentlichen die Ziele der Krippe fortschrieb und besonders in der letzten Phase die Vorbereitung der Kinder auf die Schule beinhaltete.

4. Das Bild vom Kind und die Rolle der Erzieherin

Entwicklungspsychologische Erkenntnisse, die das Bild vom Kind in unserer heutigen Gesellschaft zu Beginn des 21. Jahrhunderts prägen, haben zu einer achtungsvollen, wertschätzenden Grundhaltung gegenüber dem Kind als eigenständige Persönlichkeit beigetragen. Neben den wertvollen Erkenntnissen der Bindungsforschung Bowlbys und anderer leisteten auch Jean Piaget (1896 - 1980) und Lew Wygotski (1996 – 1934) wichtige Beiträge dazu, wie am Beispiel der Erkenntnistheorie Piagets verdeutlicht werden soll.

---

[11] a.a.O., S. 18 ff
[12] Israel, Agathe: Krippenbetreuung in der DDR. In: Israel Agathe und Kerz-Rühling, Ingrid (Hg.): Krippen-Kinder in der DDR. Frankfurt am Main (Brandes & Apsel) 2008, S. 19

Piaget hatte eine Erkenntnistheorie entwickelt, bei der

> „ ...das Denken des Kindes nicht mehr als ein Ausreifen genetisch angelegter Baupläne oder als ein passives Aufnehmen und Ordnen von Eindrücken, die es aus der Umwelt empfängt [...], sondern als aktive Tätigkeit, mit deren Hilfe die Wirklichkeit erst aufgebaut und dabei angeeignet wird."[13]

zu verstehen ist.

Für ihn fand Entwicklung in einem aktiven, wechselseitigen Austauschprozess zwischen dem Kind und seiner Umwelt sowie in drei großen Stufen, die jeweils eine neue Qualität derselben beschreiben, statt. Er definierte für diesen Prozess vier bedeutsame Entwicklungsprinzipien:

> „(1) das organische `Wachstum´ und die `Reifung´ des Nerven- und des Hormonsystems; (2) den physisch und logisch-mathematisch `handelnden Umgang´ mit den Gegenständen; (3) die `sozialen Interaktionen´ und `erzieherischen Übermittlungen´, [...]; die `Äquilibration´ - einen selbstregulierenden Mechanismus, [...] der [...] den Entwicklungsprozess steuert."[14]

Für Piaget war die Entwicklung des Kindes ein Konstruktionsprozess, bei dem es selbst die aktive Rolle übernimmt, indem es sich mit seiner Umwelt auseinandersetzt und dabei diese sowie sich selbst verändert. Er sah im Kind

> „ ... ein kompetentes Wesen, das zunehmend über Fähigkeiten zur Weltaneignung verfügt und im Vergleich zum Erwachsenen nicht als defizitär [...] anzusehen ist [...] somit seine Sozialisation, Erziehung und seine Bildungsprozesse mitgestaltet."[15]

Diese neue Sicht auf das Kind verwandelte seine Objekt- in eine Subjektposition. Das Bild vom Kind in der Pädagogik der DDR war jedoch ein anderes, wie Theorie und Praxis belegen. Es war stark idealistisch geprägt vom Leitgedanken der Erziehung zur sozialistischen Persönlichkeit, die als primäres Bildungsziel von frühester Kindheit an über die gesamte Lebensspanne gesetzlich[16] festgeschrieben war. Ein Blick in

---

[13] Fatke, Reinhard: Jean Piaget (1896 – 1980). In: Tenorth, Heinz-Elmar (Hg.): Klassiker der Pädagogik Band 2, Von John Dewey bis Paulo Freire. München (Beck) 2012, S. 183
[14] a.a.O., S. 188; Hervorhebung im Text; Auslassung: P.M.
[15] a.a.O., S. 191; Auslassung: P.M.

[16] zur Vertiefung: Gesetz über das einheitliche sozialistische Bildungssystem vom 25. Februar 1965; URL: http://www.verfassungen.de/de/ddr/schulgesetz65.htm - Download vom 04.01.2013

authentische Fachliteratur, insbesondere in das ab 1985 verbindliche *Programm für die Erziehungsarbeit in Kinderkrippen*, sowie Beiträge zur Aufarbeitung der staatlichen institutionellen Fremdbetreuung in der DDR geben darüber hinaus auch über die Rolle der Erzieherin, die nicht losgelöst vom Bild des Kindes betrachtet werden kann, Aufschluss. Das *Erziehungsprogramm* implizierte die Vorstellung und das Ziel, dass alle Menschen in der DDR nur „durch eine staatlich organisierte, einheitliche Fremdbetreuung von frühester Kindheit an zu `allseitig entwickelten sozialistischen Persönlichkeiten´ geformt werden können."[17] Das Programm beschrieb klare Zielvorgaben, die neben Verhaltensweisen z.B. im Spiel, im Bereich Selbstbedienung oder im Sozialverhalten sogar körperliche Veränderungen implizierten. Nur die richtig gestaltete Erziehung und ein „programmkonformes Verhalten der Erzieherin"[18] garantierten eine erfolgreiche Umsetzung des Programms und galten als „grundlegende Voraussetzung für der Norm entsprechende Entwicklungsprozesse"[19]. Die Persönlichkeit des Dreijährigen

> „wird […] bestimmt durch das Niveau und die Vielfalt seiner Leistungen, durch den Charakter und Umfang der sozialen Kommunikation und seine Charaktereigenschaften, *die es infolge der erzieherischen Einwirkungen der Erwachsenen erworben hat.*"[20]

konstatierte Schmidt-Kolmer im Jahr 1977.

Das Erziehungsprogramm war ein Gradmesser für die Qualität der Erziehungsarbeit. Es setzte die Erzieherin einerseits unter Erfolgsdruck, gab ihr aber zugleich durch bis ins Detail vorgegebene praktische Anleitungen auch Handlungssicherheit. Unterstrichen wurden dabei ihre eigene führende Rolle sowie die gegensätzliche Objektposition des Kindes im Erziehungsprozess. Nicht *Begleiten und Fördern* einer vom Kind ausgehenden Entwicklungsdynamik, sondern das *Leiten und Lenken* des Kindes in Richtung vorgegebener Ziele sollten den Erfolg des Programmes garantieren. Abweichungen der Ergebnisse von den normativen Zielen wie: Das Kind *beherrscht, besitzt, versteht, weist auf* und *ist fähig*[21] gab es nicht oder wurden als Versagen der Erzieherinnen gewertet. Ihre stark lenkende Rolle war klar definiert: Sie

---

[17] Nentwig-Gesemann, Iris: Krippenerziehung in der DDR. Opladen (Leske+Budrich) 1999, S.36
[18] a.a.O., S. 42
[19] a.a.O., S. 42
[20] Schmidt-Kolmer, Eva: Zum Einfluss von Familie und Krippe auf die Entwicklung von Kindern in der frühen Kindheit. Berlin (VEB Verlag Volk und Gesundheit) 1977, S. 15; Hervorhebung: P.M.

[21] Erziehungsprogramm [Programm für die Erziehungsarbeit in Kinderkrippen] (1986). Herausgegeben vom Ministerrat der Deutschen Demokratischen Republik; Ministerium für Gesundheitswesen.2. Auflage. Berlin: Volk und Gesundheit, S. 93

organisiert und führt den pädagogischen Prozess, es ist ihre Aufgabe, *Erziehungs- und Bildungsinhalte an die Kinder heranzutragen*, sie behutsam zu lenken und zu fördern[22].

5. Aufnahme und Eingewöhnung

Die Aufnahme des Kindes in die Krippe erfolgte in der Regel sehr pragmatisch. Die Kinder wurden ohne die Möglichkeit einer Anpassung, unvorbereitet eines Morgens für einen langen Tag, einer völlig neuen Situation, mit fremden Erwachsenen und Kindern, einem ungewohnten Tagesablauf in der fremden Umgebung einer Krippe ausgesetzt. Problematisch dabei war besonders das Fehlen der vertrauten Bezugsperson, die dem Kind die erforderliche Sicherheit für die allmähliche Bewältigung dieser fremden Situation hätte geben können.

Der Aufbau einer Bindung zu einer vertrauten Erzieherin war zusätzlich erschwert. Der in den Erziehungsprogrammen vorgegebene positive Betreuerschlüssel erwies sich als realitätsfern. Die Gruppenstärke betrug in der Regel 20 bis 22 Kleinstkinder, betreut von ein bis zwei qualifizierten Erzieherinnen. In der Konsequenz bedeutete dies neben einem häufigen Wechsel der Bezugspersonen auch ein unzureichendes eingehen können auf die individuellen Bedürfnisse viel zu vieler Kleinstkinder[23]. Laut Erziehungsprogramm hieß Eingewöhnung, dass sich die Erzieherin bei der Aufnahme des Kindes „nach Eigenheiten erkundigen und dann *negative Gewohnheiten behutsam in den ersten 2-3 Wochen verändern*"[24] sollte.

Die Risiken zu früher Trennung der Kinder von ihren engsten Bezugspersonen wurden lange Zeit verleugnet, obwohl die Bindungsforschung von John Bowlby am Institut für Hygiene des Kindes- und Jugendalters der DDR durchaus bekannt war. Nach der weltweit in Fachkreisen anerkannten Bindungstheorie des englischen Psychiater und Psychoanalytikers

> „wird die Ausbildung der emotionalen Bindung, die ein Kind im Laufe des ersten Lebensjahres an seine Hauptbezugsperson entwickelt, nicht nur als eigenständiges,

---

[22] a.a.O., S. 11
[23] Nentwig-Gesemann, Iris: Krippenerziehung in der DDR. Opladen (Leske+Budrich) 1999, S. 24
[24] a.a.O., S. 20; Hervorhebung im Text

sondern als grundlegendes Motivationssystem eines jeden Menschen von der Geburt an betrachtet."[25]

Die Bedeutung früher Bindungserfahrungen, vor allem für die emotionale und soziale Entwicklung eines Menschen, ist empirisch vielfach belegt. Sicher gebundene Kinder entwickeln sich in der Regel zu gesunden Persönlichkeiten, während unsichere Bindungen der frühen Kindheit Risiken gestörter Entwicklungsverläufe in sich bergen. Bowlby sah in Trennungserfahrungen frühester Kindheit oft die Ursachen für schwerwiegende Entwicklungsstörungen. Das Kind sucht von Natur aus die Nähe zur Mutter oder nahen Bezugsperson und erfährt in dieser Bindung, bei guter Qualität der Interaktion, psychische Sicherheit, die sein Explorationsverhalten maßgeblich beeinflusst.[26] Die frühe Trennung von den Eltern bei Krippenaufnahme und die lange Verweildauer in der zunächst fremden Umgebung, ohne vertraute Bezugsperson war erkennbar ein großer Stressor für das Kind, was auch medizinisch-psychologische Studien in den 1970er Jahren belegten. Die emotionalen Nöte des Kindes fanden wenig Beachtung. Chronische Infektionskrankheiten, Schlaf- und Essstörungen waren oft die Folgen und möglicherweise Ausdruck der „Somatisierung einer psychischen Überforderung"[27]. Der Einfluss der Krippe auf die Entwicklung der Kinder wurde zwar von verantwortlicher Seite regelmäßig analysiert, im Vordergrund stand dabei aber die Aufgabenerfüllung im Rahmen der Erziehungsprogramme. Im Ergebnis dessen wurden häufige Erkrankungen und daraus resultierende Fehlzeiten der Kinder als Grund für Entwicklungsverzögerungen gesehen, ihre Häufung bei Betreuungsbeginn jedoch nicht in Zusammenhang mit dem Trennungsstress gebracht. Schmidt-Kolmer schätzte sogar ein, dass ein frühes Aufnahmealter sowie eine längere Aufenthaltsdauer in der Krippe den besten Einfluss auf die Entwicklung von Krippenkindern haben.

> „Die Eingewöhnung im 1. Lebenshalbjahr [geht] am schnellsten und störungsfreiesten vor sich [...], [wogegen sie] bei Kindern im 3. – 6. Lebensquartal [...] größere Schwierigkeiten macht und länger dauert."[28]

Eine hier beschriebene Trennung muss nicht zwangsläufig zu einem psychischen Trauma führen, wenn an die Stelle der vertrauten Bezugsperson eine für das Kind verlässliche, Halt und Sicherheit gebende, seine individuellen Bedürfnisse beachtender

---

[25] Brisch, Karl Heinz; Grossmann, Klaus E.; Grossmann Karin; Köhler, Lotte: Vorwort. In: Brisch; Grossmann; Grossmann; Köhler (Hg.): Bindung und seelische Entwicklungswege. Stuttgart (Klett-Cotta) 2002, S. 7
[26] Bretherton, Inge: Konstrukt des inneren Arbeitsmodells. In: Brisch; Grossmann; Grossmann; Köhler (Hg.): Bindung und seelische Entwicklungswege. Stuttgart (Klett-Cotta) 2002, S. 13
[27] Ahnert, Lieselotte: Wieviel Mutter braucht ein Kind? Heidelberg (Spektrum) 2010, S. 190
[28] Schmidt-Kolmer, Eva: Zum Einfluss von Familie und Krippe auf die Entwicklung von Kindern in der frühen Kindheit. Berlin (VEB Verlag Volk und Gesundheit) 1977, S. 305; Einfügung und Auslassung: P.M.

Erwachsener tritt. So die Erkenntnisse aus der Bindungsforschung. Heutige Modelle zur Eingewöhnung ermöglichen die Begleitung des Kindes durch die vertraute Bezugsperson in dieser Phase bis zum Aufbau einer sicheren Bindung zur Erzieherin. Dies war in den Krippen der DDR nicht vorgesehen und wurde nicht zuletzt auch aus hygienischen Gründen konsequent abgelehnt.

Interessant sind an dieser Stelle auch die bahnbrechenden Erkenntnisse der amerikanischen Entwicklungspsychologin Mary Ainsworth (1913 – 1999) zur Bindungsqualität zwischen Mutter und Kind. In einer kurzzeitigen Trennungssituation, bekannt geworden als *Die fremde Situation*, beobachtet und beurteilt sie die Qualität der Bindung anhand der Reaktion des Kindes nicht nur auf die Trennung, sondern auch bei der Wiederkehr der Mutter. Im Ergebnis dessen klassifizierte sie drei, heute weltweit anerkannte Bindungstypen: *sicher gebundene, unsicher-vermeidend gebundene, unsicher-ambivalent gebundene*. Der vierte, *desorganisierte* Bindungstyp wurde später von M. Main und J. Salomon ergänzt. Das sicher gebundene Kind findet nach Rückkehr der Mutter schnell zu seiner Sicherheit und emotionalen Balance zurück, während das ambivalent-unsicher gebundene Kind nach heftigem Weinen bei der Trennung widersprüchlich auf die Rückkehr der Mutter reagiert. Das desorganisierte Kind zeigt bei Rückkehr der Mutter teilweise ängstlich vermeidendes Verhalten. Unsicher-vermeidend gebunden bezeichnet hingegen ein emotionsarmes Verhalten des Kindes bei Trennung und Rückkehr der Mutter. Es wurde von Ainsworth selbst ursprünglich für sozial und emotional besonders reif gehalten[29], was durch weitere Untersuchungen aber widerlegt wurde. Speichelproben zeigten bei diesen Kindern eine hohe Ausschüttung des Stresshormons Cortisol und damit eine deutlich hohe Anspannung in der *Fremden Situation*.[30] Eltern von Kindern dieses Bindungstyps waren bei der Krippenaufnahme in der DDR voller Stolz auf ihre vermeintliche Erziehungsleistung. Ihre Kinder galten auch in den Krippen als pflegeleicht und waren bei den Erzieherinnen beliebt.

---

[29] Rauh, Hellgard: Vorgeburtliche Entwicklung und frühe Kindheit. In: Oerter, Rolf; Montada, Leo (Hg.): Entwicklungspsychologie. Weinheim, Basel (Beltz) 2008, S. 215 ff
[30] Fremmer-Bombik, Elisabeth; Grossmann, Klaus E.: Über die lebenslange Bedeutung früher Bindungserfahrungen. In: Petzold, Hilarion G. (Hg.): Frühe Schädigungen – späte Folgen? Paderborn (Junfermann) 1997, S. 91

6. Kritikversuche in der DDR

Kritik an den Erziehungsprogrammen und deren Umsetzung in den frühkindlichen Betreuungseinrichtungen der DDR war so gut wie nicht möglich oder führte zu Repressalien wie bei Hans-Dieter Schmidt (1927 – 2007), Professor für Entwicklungspsychologie an der Humboldt-Universität zu Berlin. Er veröffentlichte 1982, sieben Jahre vor dem Ende der DDR einen kritischen Artikel zur Pädagogik in der DDR unter dem Titel *Das Bild des Kindes – eine Norm und ihre Wirkung.* Schmidt zeichnete darin ein *Bild des Kindes*, das nach Veränderungen in den Krippen, Kindertagesstätten und Schulen verlangte. Die Resonanz auf seinen Beitrag waren erbitterte Anfeindungen der DDR-Pädagogik. Schmidt verwies in seinem Beitrag auf Erkenntnisse der Entwicklungspsychologie und Verhaltensbiologie. Auf deren Grundlage forderte er nicht nur eine Vervollständigung und Korrektur des Bildes vom Kind, er stellte auch die Übereinstimmung des in der DDR wirksamen Bildes vom Kind mit den wissenschaftlichen Erkenntnissen infrage. Kritisch sah er unter anderem, dass in sozialen und gesellschaftlichen Institutionen wie Familie, Krippe, Kindergarten und Schule die Elementarbedürfnisse des Kindes, wie soziale und emotionale Bindung an Bezugspersonen, aber auch „unbändiger Bewegungsdrang und enger Körperkontakt"[31] negiert wurden und Kinder deshalb leiden mussten. Dem allgegenwärtigen Defizitmodell des Kindes bescheinigte er die Gefahr der Abwertung und Überforderung des Kindes sowie den Pädagogen einen autoritativen Erziehungsstil. Widersprüchlich empfand er auch das Thema Selbständigkeit. Im Bereich Selbstbedienung des Kindes selbstverständlich gefordert, wurde dagegen die geistige Selbständigkeit, d.h. eine eigene Meinung vertreten, werten, Entscheidungen treffen, eher kritisch gesehen. Anpassen, brav sein und Wohlverhalten passten zwar laut Schmidt zu keinem Erziehungsziel der Pädagogik in der DDR, prägten aber die Erwartungen. Schmidt plädierte dafür, das Kind als Partner im Erziehungsprozess zu sehen, seine Autonomiebestrebungen und Kreativität zu fördern. Er rief auf zum Kampf um die Emanzipation des Kindes.[32] Schmidt war nicht der einzige Kritiker. Wie er identifizierten sich weitere Erziehungswissenschaftler der DDR nicht mit dem Ministerium für Volksbildung und dessen Erziehungs- und Bildungspolitik. Die interne Kritik führte jedoch nicht zu

---

[31] Schmidt, Hans-Dieter: Das Bild des Kindes – eine Norm und ihre Wirkungen.
URL http://www.mbjs.brandenburg.de/media_fast/4113/schmidt_das_bild_des_kindes.pdf, download 11.02.2013
[32] a.a.O.

Veränderungen.

Abschließend Karl-Heinz Günther, früherer Vizepräsident der Akademie der Pädagogischen Wissenschaften nach dem Ende der DDR:

„Wir wußten in den 80er Jahren, daß man so, wie es dort vor sich ging, nicht weitermachen kann. ... Ich bin nicht mit der Frage fertig, warum wir dann noch über Jahre entschlossenes Nichthandeln hingenommen haben. Ich bin nicht fertig mit der Frage, ... warum wir das nur unter uns diskutiert haben" [33]

7. Fazit

Für die institutionelle Betreuung von Kleinkindern im flächendeckend ausgebauten Krippensystem der DDR gibt es weltweit kaum ein vergleichbares Beispiel. Der sozialistische Staat hatte bei einer Betreuungsquote von mehr als 80 % in den 1980er Jahren auch bei den unter Dreijährigen das Erziehungsmonopol, das mit seiner streng vorgegebenen Programmatik über die Krippe hinaus auch auf das Elternhaus Einfluss nahm.

Dem kollektiven Erziehungsziel, die Entwicklung der allseitig entwickelten sozialistischen Persönlichkeit, wurde die Individualität des Kindes untergeordnet. Die Erziehung im und durch das Kollektiv hatte bereits in der Krippe einen hohen Stellenwert, obwohl die Kindergruppe in diesem Alter noch nicht als Kollektiv definiert werden konnte

Die führende Rolle der Erzieherin war in den Erziehungsprogrammen ebenso festgeschrieben wie klar vorgegebene, altersspezifische Erziehungsziele für das Kind. Ein Abweichen der kindlichen Entwicklung von diesen Normvorgaben gab es faktisch nicht. Hier zeigte sich, wie weit Programmatik und Erziehungsrealität auseinander klafften, was jedoch völlig ignoriert wurde.

Das Nichtbeachten kindlicher Bedürfnisse wurde am deutlichsten in der Situation der Aufnahme und Eingewöhnung bei Betreuungsbeginn in der Krippe. Eine auf das Bindungsbedürfnis des Kindes abgestimmte, behutsame, von den engsten Bezugspersonen begleitete Phase der Eingewöhnung war nicht vorgesehen. Mögliche Folgen dieser meist abrupten, für das Kind oft traumatischen frühen Trennungs-

---

[33] Cloer, Ernst; Wernstedt, Rolf (Hg.): Pädagogik in der DDR – Eröffnung einer notwendigen Bilanzierung. Weinheim (Deutscher Studienverlag) 1994, S. 70

erfahrungen für die Persönlichkeitsentwicklung sind wissenschaftlich erforscht und nachgewiesen.

Ein Blick in die DDR-Fachliteratur aus dieser Zeit macht deutlich, entwicklungspsychologische Erkenntnisse namhafter Wissenschaftler wie Bowlby, Ainsworth, Piaget oder Wygotski waren, trotz grundsätzlicher Orientierung an sowjetischen Wissenschaftlern, in Fachkreisen der DDR nicht unbekannt. Sie fanden aber keinen für die Erziehung und Entwicklung des Kindes im Sozialismus positiven Niederschlag in den entsprechenden Erziehungsplänen und –programmen der DDR. Die Objektposition des Kindes im Erziehungsprozess war offensichtlich und prägte das Bild vom Kind. Es wurde nicht als Subjekt seiner Entwicklung und gleichberechtigter Aktionspartner gesehen, sondern von Anfang an als ein zu formendes Wesen, das nur durch die erzieherische Einwirkung der Erwachsenen und des Kollektivs zu einem *vollwertigen Mitglied der sozialistischen Gesellschaft* heranreifen konnte.

8. Literatur

Ahnert, Lieselotte: Wieviel Mutter braucht ein Kind? Heidelberg (Spektrum) 2010

Ahnert, Lieselotte: Frühe Tagesbetreuung und Eltern-Kind-Beziehung. Fachbeitrag URL http://www.liga-kind.de/fruehe/202_ahnert.php; download 14.12.2012

Bretherton, Inge: Konstrukt des inneren Arbeitsmodells. In: Brisch; Grossmann; Grossmann; Köhler (Hg.): Bindung und seelische Entwicklungswege. Stuttgart (Klett-Cotta) 2002

Brisch, Karl Heinz; Grossmann, Klaus E.; Grossmann Karin; Köhler, Lotte: Vorwort. In: Brisch; Grossmann; Grossmann; Köhler (Hg.): Bindung und seelische Entwicklungswege. Stuttgart (Klett-Cotta) 2002

Cloer, Ernst; Wernstedt, Rolf (Hg.): Pädagogik in der DDR – Eröffnung einer notwendigen Bilanzierung. Weinheim (Deutscher Studienverlag) 1994

Fatke, Reinhard: Jean Piaget (1896 – 1980). In: Tenorth, Heinz-Elmar (Hg.): Klassiker der Pädagogik Band 2, Von John Dewey bis Paulo Freire. München (Beck) 2012

Fremmer-Bombik, Elisabeth; Grossmann, Klaus E.: Über die lebenslange Bedeutung früher Bindungserfahrungen. In: Petzold, Hilarion G. (Hg.): Frühe Schädigungen – späte Folgen? Paderborn (Junfermann) 1997

Heiland, Helmut: Friedrich Fröbel. In: Tenorth, Heinz-Elmar (Hg.): Klassiker der Pädagogik Band 1, Von Erasmus bis Helene Lang. München (Beck) 2012

Israel, Agathe: Krippenbetreuung in der DDR. In: Israel Agathe und Kerz-Rühling, Ingrid (Hg.): Krippen-Kinder in der DDR. Frankfurt am Main (Brandes & Apsel) 2008

Nentwig-Gesemann, Iris: Krippenerziehung in der DDR. Opladen (Leske+Budrich) 1999

Rauh, Hellgard: Vorgeburtliche Entwicklung und frühe Kindheit. In: Oerter, Rolf; Montada, Leo (Hg.): Entwicklungspsychologie. Weinheim, Basel (Beltz) 2008

Schmidt, Hans-Dieter: Das Bild des Kindes – eine Norm und ihre Wirkungen. URL http://www.mbjs.brandenburg.de/media_fast/4113/schmidt_das_bild_des_kindes.pdf; download 11.02.2013

Schmidt-Denter, Ulrich: Vorschulische Förderung. In: Oerter, Montada (Hg.):Entwicklungspsychologie. Weinheim, Basel (Beltz) 2008

Schmidt-Kolmer, Eva: Zum Einfluss von Familie und Krippe auf die Entwicklung von Kindern in der frühen Kindheit. Berlin (VEB Verlag Volk und Gesundheit) 1977